PRAYER NOTE
# 기도노트

KB200638

_____

_____

_____

때에 예수께서 기도하시러 산으로 가사
밤이 새도록 하나님께 기도하시고(눅 6:12)

예수님은 기도의 일생을 사셨습니다.
기도의 능력으로 사역하셨고
기도하신 후에 십자가로 향하셨습니다.

이처럼 기도는 영성의 기초이며
신앙생활의 핵심 요소입니다.
이 기도가 바람처럼 허공에 흩어지지 않게
이 기도노트에 기록하며
하나님과 동행하기를 원합니다.

참고
한글 성경은 개역개정판을 사용했으며
영어 성경은 NIVNew International Version을
사용하였습니다.

구하는 이마다 받을 것이요 찾는 이는 찾아낼 것이요
두드리는 이에게는 열릴 것이니라 (누가복음 11:10)

For everyone who asks receives; he who seeks finds;
and to him who knocks,
the door will be opened. (Luke 11:10)

**Date.**
# 기도제목 Prayer Requests

---

---

---

---

---

---

**Date.**
# 기도응답 Prayer Answer

---

---

---

---

---

---

기도는 하나님이 기뻐하시는 향기로운 예배가 무엇인지 알게 합니다.

여호와여 오직 내가 주께 부르짖었사오니 아침에
나의 기도가 주의 앞에 이르리이다 (시편 88:13)

But I cry to you for help, O LORD; in the morning
my prayer comes before you. (Psalms 88:13)

**Date.**
**기도제목** Prayer Requests

_____

_____

_____

_____

_____

**Date.**
**기도응답** Prayer Answer

_____

_____

_____

_____

_____

당신이 '아바!'라고 부를 때 주님은 당신 곁에 성큼 다가오십니다.

사랑하는 자들아 너희는 너희의 지극히 거룩한 믿음 위에
자신을 세우며 성령으로 기도하며 (유다서 1:20)

But you, dear friends, build yourselves up in your
most holy faith and pray in the Holy Spirit. (Jude 1:20)

**Date.**

# 기도제목 Prayer Requests

_____

_____

_____

_____

_____

**Date.**

# 기도응답 Prayer Answer

_____

_____

_____

_____

_____

당신이 기도할 때 하나님의 평강과 지각이 당신을 감쌉니다.

여호와여 내 기도를 들으시고 나의 부르짖음을
주께 상달하게 하소서 (시편 102:1)

Hear my prayer, O LORD;
let my cry for help come to you. (Psalms 102:1)

**Date.**
## 기도제목 Prayer Requests

_____

_____

_____

_____

_____

**Date.**
## 기도응답 Prayer Answer

_____

_____

_____

_____

_____

기도는 당신과 하나님과의 소중한 만남입니다.

그러므로 너의 이 악함을 회개하고 주께 기도하라
혹 마음에 품은 것을 사하여 주시리라 (사도행전 8:22)

Repent of this wickedness and pray to the Lord.
Perhaps he will forgive you for having such a thought
in your heart. (Acts 8:22)

**Date.**
## 기도제목 Prayer Requests

_____

_____

_____

_____

_____

_____

**Date.**
## 기도응답 Prayer Answer

_____

_____

_____

_____

_____

당신이 하나님과의 만남을 기대할 때 하나님도 기대하십니다.

> 나의 왕, 나의 하나님이여 내가 부르짖는 소리를 들으소서
> 내가 주께 기도하나이다 (시편 5:2)

Listen to my cry for help, my King and my God,
for to you I pray. (Psalms 5:2)

**Date.**

# 기도제목 Prayer Requests

---

---

---

---

---

---

**Date.**

# 기도응답 Prayer Answer

---

---

---

---

---

당신이 기도하기 시작할 때 하나님의 능력이 임합니다.

나의 하나님이여 이제 이 곳에서 하는 기도에
눈을 드시고 귀를 기울이소서 (역대하 6:40)

Now, my God, may your eyes be open and your ears
attentive to the prayers offered in this place.
(2 Chronicles 6:40)

**Date.**
# 기도제목 Prayer Requests

---

---

---

---

---

---

**Date.**
# 기도응답 Prayer Answer

---

---

---

---

---

---

당신이 기도할 때 확연한 믿음의 진보가 있습니다.

여호와께서 빈궁한 자의 기도를 돌아보시며
그들의 기도를 멸시하지 아니하셨도다 (시편 102:17)

He will respond to the prayer of the destitute;
he will not despise their plea. (Psalms 102:17)

**Date.**
**기도제목** Prayer Requests

_____

_____

_____

_____

_____

_____

**Date.**
**기도응답** Prayer Answer

_____

_____

_____

_____

_____

당신이 기도할 때 당신 안에 용서와 긍휼의 마음이 가득합니다.

만물의 마지막이 가까이 왔으니 그러므로 너희는
정신을 차리고 근신하여 기도하라 (베드로전서 4:7)

The end of all things is near. Therefore be clear
minded and self-controlled
so that you can pray. (1 Peter 4:7)

Date.
**기도제목** Prayer Requests

_____

_____

_____

_____

_____

Date.
**기도응답** Prayer Answer

_____

_____

_____

_____

_____

당신이 기도할 때 십자가의 뜨거운 사랑이 충만합니다.

주는 계신 곳 하늘에서 그들의 기도와 간구를 들으시고
그들의 일을 돌아보시오며 (열왕기상 8:49)

Then from heaven, your dwelling place,
hear their prayer and their plea,
and uphold their cause. (1 Kings 8:49)

**Date.**
# 기도제목 Prayer Requests

---

---

---

---

---

---

**Date.**
# 기도응답 Prayer Answer

---

---

---

---

---

당신이 기도할 때 하나님은 최고의 동역자를 얻습니다.

만군의 하나님 여호와여 내 기도를 들으소서
야곱의 하나님이여 귀를 기울이소서 (시편 84:8)

Hear my prayer, O LORD God Almighty;
listen to me, O God of Jacob. (Psalms 84:8)

**Date.**
**기도제목** Prayer Requests

---

---

---

---

---

---

**Date.**
**기도응답** Prayer Answer

---

---

---

---

---

당신이 기도할 때 진정한 용서로 인한 참된 안식이 있습니다.

악인의 제사는 여호와께서 미워하셔도
정직한 자의 기도는 그가 기뻐하시느니라 (잠언 15:8)

The LORD detests the sacrifice of the wicked,
but the prayer of the
upright pleases him. (Proverbs 15:8)

Date.
**기도제목** Prayer Requests

_____

_____

_____

_____

_____

_____

Date.
**기도응답** Prayer Answer

_____

_____

_____

_____

_____

당신이 기도할 때 말씀이 이 땅에 이루어집니다.

여호와여 그들이 환난 중에 주를 앙모하였사오며
주의 징벌이 그들에게 임할 때에
그들이 간절히 주께 기도하였나이다 (이사야 26:16)

LORD, they came to you in their distress;
when you disciplined them,
they could barely whisper a prayer. (Isaiah 26:16)

Date.
**기도제목** Prayer Requests

_____

_____

_____

_____

_____

_____

Date.
**기도응답** Prayer Answer

_____

_____

_____

_____

_____

당신이 기도할 때 과거는 자유하고 현재는 기쁘고 미래는 꿈을 꿉니다.

그는 자기를 경외하는 자들의 소원을 이루시며 또
그들의 부르짖음을 들으사 구원하시리로다 (시편 145:19)

He fulfills the desires of those who fear him;
he hears their cry and saves them. (Psalms 145:19)

**Date.**
## 기도제목 Prayer Requests

**Date.**
## 기도응답 Prayer Answer

당신이 기도할 때 에벤에셀의 하나님을 삶에서 느낍니다.

네 길을 여호와께 맡기라 그를 의지하면 그가 이루시고
네 의를 빛 같이 나타내시며 네 공의를 정오의 빛 같이
하시리로다 (시편 37:5-6)

Commit your way to the LORD; trust in him and he will
do this: He will make your righteousness shine like the
dawn, the justice of your cause like the noonday sun.
(Psalms 37:5-6)

**Date.**
**기도제목** Prayer Requests

_____

_____

_____

_____

_____

_____

**Date.**
**기도응답** Prayer Answer

_____

_____

_____

_____

_____

_____

당신이 기도할 때 넘어진 누군가는 주님의 손을 잡고 일어납니다.

항상 기뻐하라 쉬지 말고 기도하라 범사에 감사하라
이것이 그리스도 예수 안에서 너희를 향하신
하나님의 뜻이니라 (데살로니가전서 5:16-18)

Be joyful always; pray continually;
give thanks in all circumstances, for this is God's will
for you in Christ Jesus. (1 Thessalonians 5:16-18)

**Date.**
## 기도제목 Prayer Requests

---

---

---

---

---

---

**Date.**
## 기도응답 Prayer Answer

---

---

---

---

---

당신이 기도할 때 성령님의 인도하심을 확실히 느낍니다.

여호와여 나의 기도에 귀를 기울이시고 내가 간구하는
소리를 들으소서 나의 환난 날에 내가 주께 부르짖으리니
주께서 내게 응답하시리이다 (시편 86:6-7)

Hear my prayer, O LORD; listen to my cry for mercy.
In the day of my trouble I will call to you,
for you will answer me. (Psalms 86:6-7)

**Date.**
# 기도제목 Prayer Requests

_____

_____

_____

_____

_____

_____

**Date.**
# 기도응답 Prayer Answer

_____

_____

_____

_____

_____

_____

당신이 기도할 때 하나님의 역사가 나타납니다.

그러나 나의 하나님 여호와여 주의 종의 기도와 간구를
돌아보시며 주의 종이 주 앞에서 부르짖는 것과
비는 기도를 들으시옵소서 (역대하 6:19)

Yet give attention to your servant's prayer and his
plea for mercy, O LORD my God. Hear the cry and the
prayer that your servant is praying in your presence.
( 2 Chronicles 6:19)

**Date.**

## 기도제목 Prayer Requests

_____

_____

_____

_____

_____


**Date.**

## 기도응답 Prayer Answer

_____

_____

_____

_____

_____


당신이 기도할 때 모든 삶의 균형이 조화롭게 세팅됩니다.

이 아이를 위하여 내가 기도하였더니
내가 구하여 기도한 바를
여호와께서 내게 허락하신지라 (사무엘상 1:27)

I prayed for this child, and the LORD has granted me
what I asked of him. (1 Samuel 1:27)

**Date.**

## 기도제목 Prayer Requests

---

---

---

---

---

---

**Date.**

## 기도응답 Prayer Answer

---

---

---

---

---

---

당신이 기도할 때 하나님은 당신을 큰 일꾼으로 여기십니다.

여호와여 내게 응답하옵소서 내게 응답하옵소서
이 백성에게 주 여호와는 하나님이신 것과 주는 그들의
마음을 되돌이키심을 알게 하옵소서 하매 (열왕기상 18:37)

Answer me, O LORD, answer me, so these people will
know that you, O LORD, are God, and that you are
turning their hearts back again. (1 Kings 18:37)

**Date.**

**기도제목** Prayer Requests

_____

_____

_____

_____

_____

_____

**Date.**

**기도응답** Prayer Answer

_____

_____

_____

_____

_____

기도는 작은 신음에도 응답하시는 좋으신 하나님을 경험하게 합니다.

의인이 나를 칠지라도 은혜로 여기며 책망할지라도 머리의
기름 같이 여겨서 내 머리가 이를 거절하지 아니할지라
그들의 재난 중에도 내가 항상 기도하리로다 (시편 141:5)

Let a righteous man strike me--it is a kindness; let him
rebuke me--it is oil on my head. My head will not refuse
it. Yet my prayer is ever against the deeds of evildoers.
(Psalms 141:5)

Date.
**기도제목** Prayer Requests

_____

_____

_____

_____

_____

_____

Date.
**기도응답** Prayer Answer

_____

_____

_____

_____

_____

당신이 기도할 때 성령님이 주시는 기쁨과 감사, 찬양이 넘칩니다.

곧 네가 기도를 시작할 즈음에 명령이 내렸으므로 이제
네게 알리러 왔느니라 너는 크게 은총을 입은 자라
그런즉 너는 이 일을 생각하고 그 환상을 깨달을지니라
(다니엘 9:23)

As soon as you began to pray, an answer was given,
which I have come to tell you, for you are highly esteemed.
Therefore, consider the message and understand the vision.
(Daniel 9:23)

Date.
**기도제목** Prayer Requests

_____

_____

_____

_____

_____

Date.
**기도응답** Prayer Answer

_____

_____

_____

_____

_____

당신이 기도할 때 당신을 창조하신 거룩한 목적을 발견하게 됩니다.

너는 그에게 기도하겠고 그는 들으실 것이며 너의 서원을
네가 갚으리라 네가 무엇을 결정하면 이루어질 것이요
네 길에 빛이 비치리라 (욥기 22:27-28)

You will pray to him, and he will hear you, and you will
fulfill your vows. What you decide on will be done,
and light will shine on your ways. (Job 22:27-28)

**Date.**
## 기도제목 Prayer Requests

---

---

---

---

---

---

**Date.**
## 기도응답 Prayer Answer

---

---

---

---

---

---

당신이 기도할 때 이방인 속에서 구별된 소금과 빛이 비춰집니다.

내 영혼이 내 속에서 피곤할 때에 내가 여호와를
생각하였더니 내 기도가 주께 이르렀사오며
주의 성전에 미쳤나이다 (요나 2:7)

When my life was ebbing away, I remembered you,
LORD, and my prayer rose to you,
to your holy temple. (Jonah 2:7)

**Date.**
**기도제목** Prayer Requests

_____

_____

_____

_____

_____

**Date.**
**기도응답** Prayer Answer

_____

_____

_____

_____

_____

당신이 기도할 때 곁에 있는 믿음의 지체들이 더 소중해 보입니다.

나는 제비 같이, 학 같이 지저귀며 비둘기 같이 슬피 울며
내 눈이 쇠하도록 앙망하나이다 여호와여 내가 압제를
받사오니 나의 중보가 되옵소서 (이사야 38:14)

I cried like a swift or thrush, I moaned like a mourning
dove. My eyes grew weak as I looked to the heavens.
I am troubled; O Lord, come to my aid! (Isaiah 38:14)

**Date.**
## 기도제목 Prayer Requests

_____

_____

_____

_____

_____

_____

**Date.**
## 기도응답 Prayer Answer

_____

_____

_____

_____

_____

당신이 기도할 때 하나님의 자녀만이 가진 특권을 누리게 됩니다.

내 의의 하나님이여 내가 부를 때에 응답하소서
곤란 중에 나를 너그럽게 하셨사오니
내게 은혜를 베푸사 나의 기도를 들으소서 (시편 4:1)

Answer me when I call to you, O my righteous God.
Give me relief from my distress; be merciful to
me and hear my prayer. (Psalms 4:1)

**Date.**
# 기도제목 Prayer Requests

---

---

---

---

---

---

**Date.**
# 기도응답 Prayer Answer

---

---

---

---

---

당신이 꿈꾸는 그것, 필요한 그것보다 먼저 구할 것이 기도입니다.

내가 환난 중에서 여호와께 아뢰며 나의 하나님께
아뢰었더니 그가 그의 성전에서 내 소리를 들으심이여
나의 부르짖음이 그의 귀에 들렸도다 (사무엘하 22:7)

In my distress I called to the LORD; I called out to
my God. From his temple he heard my voice;
my cry came to his ears. (2 Samuel 22:7)

**Date.**

## 기도제목 Prayer Requests

_____

_____

_____

_____

_____

_____

**Date.**

## 기도응답 Prayer Answer

_____

_____

_____

_____

_____

_____

당신이 기도하며 바짝 낮아질 때 하나님은 양손으로 높여 주십니다.

낮에는 여호와께서 그의 인자하심을 베푸시고
밤에는 그의 찬송이 내게 있어
생명의 하나님께 기도하리로다 (시편 42:8)

By day the LORD directs his love,
at night his song is with me—— a prayer
to the God of my life. (Psalms 42:8)

**Date.**
# 기도제목 Prayer Requests

---

---

---

---

---

---

**Date.**
# 기도응답 Prayer Answer

---

---

---

---

---

당신의 부족함이 부족함으로 느껴지지 않게 하는 것은 기도입니다.

서서 기도할 때에 아무에게나 혐의가 있거든 용서하라
그리하여야 하늘에 계신 너희 아버지께서도 너희 허물을
사하여 주시리라 하시니라 (마가복음 11:25)

And when you stand praying, if you hold anything
against anyone, forgive him, so that your Father in
heaven may forgive you your sins. (Mark 11:25)

**Date.**

# 기도제목 Prayer Requests

---

---

---

---

---

---

**Date.**

# 기도응답 Prayer Answer

---

---

---

---

---

---

당신의 기도는 물질보다 더 값지게 온몸으로 하는 구제입니다.

> 여호와여 아침에 주께서 나의 소리를 들으시리니
> 아침에 내가 주께 기도하고 바라리이다 (시편 5:3)

In the morning, O LORD, you hear my voice;
in the morning I lay my requests before you and
wait in expectation. (Psalms 5:3)

**Date.**

## 기도제목 Prayer Requests

---

---

---

---

---

---

**Date.**

## 기도응답 Prayer Answer

---

---

---

---

---

당신의 기도가 쌓여 폭포수와 같은 은혜로 응답됩니다.

이러므로 너희는 장차 올 이 모든 일을 능히 피하고
인자 앞에 서도록 항상 기도하며
깨어 있으라 하시니라 (누가복음 21:36)

Be always on the watch, and pray that you may be able to
escape all that is about to happen, and that you may
be able to stand before the Son of Man. (Luke 21:36)

**Date.**
## 기도제목 Prayer Requests

---

---

---

---

---

---

**Date.**
## 기도응답 Prayer Answer

---

---

---

---

---

---

당신의 기도가 매일매일 예배하는 예배자로 서게 합니다.

야베스가 이스라엘 하나님께 아뢰어 이르되 주께서 내게
복을 주시려거든 나의 지역을 넓히시고 주의 손으로 나를
도우사 나로 환난을 벗어나 내게 근심이 없게 하옵소서 하였더
니 하나님이 그가 구하는 것을 허락하셨더라 (역대상 4:10)

Jabez cried out to the God of Israel, "Oh, that you would
bless me and enlarge my territory! Let your hand be with
me, and keep me from harm so that I will be free from
pain." And God granted his request. ( 1 Chronicles 4:10)

Date.

# 기도제목 Prayer Requests

---

---

---

---

---

Date.

# 기도응답 Prayer Answer

---

---

---

---

---

---

당신의 환경이 여전한 것은 하나님이 품으로 나아오라는 사인입니다.

기도를 계속하고 기도에 감사함으로 깨어 있으라
(골로새서 4:2)

Devote yourselves to prayer,
being watchful and thankful. (Colossians 4:2)

**Date.**
## 기도제목 Prayer Requests

_____

_____

_____

_____

_____

_____

**Date.**
## 기도응답 Prayer Answer

_____

_____

_____

_____

_____

당신의 기도로 당신의 공동체는 중보의 힘을 더욱 느끼게 됩니다.

그러나 나는 이제라도 주께서 무엇이든지
하나님께 구하시는 것을
하나님이 주실 줄을 아나이다 (요한복음 11:22)

But I know that even now God will give you
whatever you ask. (John 11:22)

**Date.**
# 기도제목 Prayer Requests

---

---

---

---

---

---

**Date.**
# 기도응답 Prayer Answer

---

---

---

---

---

당신의 기도는 수많은 문제 앞에서 해답을 손에 쥐는 것입니다.

여자들과 예수의 어머니 마리아와 예수의 아우들과 더불어
마음을 같이하여 오로지 기도에 힘쓰더라 (사도행전 1:14)

They all joined together constantly in prayer,
along with the women and Mary the mother of Jesus,
and with his brothers. (Acts 1:14)

**Date.**
## 기도제목 Prayer Requests

---

---

---

---

---

---

**Date.**
## 기도응답 Prayer Answer

---

---

---

---

---

---

기도는 당신과 하나님과의 소중한 만남입니다.

이와 같이 성령도 우리의 연약함을 도우시나니
우리는 마땅히 기도할 바를 알지 못하나
오직 성령이 말할 수 없는 탄식으로
우리를 위하여 친히 간구하시느니라 (로마서 8:26)

In the same way, the Spirit helps us in our weakness.
We do not know what we ought to pray for, but the
Spirit himself intercedes for us with groans that
words cannot express. (Romans 8:26)

**Date.**

**기도제목** Prayer Requests

---

---

---

---

---

---

**Date.**

**기도응답** Prayer Answer

---

---

---

---

---

---

기도는 무엇보다 하나님을 먼저 아는 것입니다.

**Date.**
# 기도제목 Prayer Requests

_____

_____

_____

_____

_____

_____

**Date.**
# 기도응답 Prayer Answer

_____

_____

_____

_____

_____

_____

기도는 하나님의 능력을 인정하는 것입니다.

우리가 너의 승리로 말미암아 개가를 부르며
우리 하나님의 이름으로 우리의 깃발을 세우리니
여호와께서 네 모든 기도를
이루어 주시기를 원하노라 (시편 20:5)

We will shout for joy when you are victorious and
will lift up our banners in the name of our God.
May the LORD grant all your requests. (Psalms 20:5)

Date.
**기도제목** Prayer Requests

_____

_____

_____

_____

_____

_____

Date.
**기도응답** Prayer Answer

_____

_____

_____

_____

_____

기도는 말이 아닌 삶으로 본을 보이는 훌륭한 태도입니다.

만일 우리가 우리 죄를 자백하면 그는 미쁘시고 의로우사
우리 죄를 사하시며 우리를 모든 불의에서
깨끗하게 하실 것이요 (요한일서 1:9)

If we confess our sins, he is faithful and just and
will forgive us our sins and purify us
from all unrighteousness. (1 John 1:9)

**Date.**
**기도제목** Prayer Requests

---

---

---

---

---

---

**Date.**
**기도응답** Prayer Answer

---

---

---

---

---

---

기도는 하나님과 함께 고난을 이겨나가는 것입니다.

너희가 내 이름으로 무엇을 구하든지 내가 행하리니
이는 아버지로 하여금 아들로 말미암아
영광을 받으시게 하려 함이라 (요한복음 14:13)

And I will do whatever you ask in my name,
so that the Son may bring glory
to the Father. (John 14:13)

**Date.**
# 기도제목 Prayer Requests

---

---

---

---

---

---

**Date.**
# 기도응답 Prayer Answer

---

---

---

---

---

---

기도는 악한 것들로부터 당신을 보호하는 방패입니다.

그런즉 너희는 먼저 그의 나라와 그의 의를 구하라
그리하면 이 모든 것을 너희에게 더하시리라
(마태복음 6:33)

But seek first his kingdom and his righteousness,
and all these things will be given to you as well.
(Matthew 6:33)

**Date.**
## 기도제목 Prayer Requests

---
---
---
---
---
---

**Date.**
## 기도응답 Prayer Answer

---
---
---
---
---

기도는 당신의 마음에 하늘 성전을 쌓는 것입니다.

**Date.**

**기도제목** Prayer Requests

_____

_____

_____

_____

_____

_____


**Date.**

**기도응답** Prayer Answer

_____

_____

_____

_____

_____

여호와여 우리에게 은혜를 베푸소서 우리가 주를
앙망하오니 주는 아침마다 우리의 팔이 되시며
환난 때에 우리의 구원이 되소서 (이사야 33:2)

O LORD, be gracious to us; we long for you.
Be our strength every morning,
our salvation in time of distress. (Isaiah 33:2)

Date.
**기도제목** Prayer Requests

_____

_____

_____

_____

_____

_____

Date.
**기도응답** Prayer Answer

_____

_____

_____

_____

_____

_____

기도는 팔복의 축복을 누리게 합니다.

우리가 무엇이든지 구하는 바를 들으시는 줄을 안즉
우리가 그에게 구한 그것을
얻은 줄을 또한 아느니라 (요한일서 5:15)

And if we know that he hears us--whatever we ask--
we know that we have what we asked of him.
(1 John 5:15)

**Date.**
# 기도제목 Prayer Requests

---

---

---

---

---

**Date.**
# 기도응답 Prayer Answer

---

---

---

---

기도는 믿음을 키우는 최고의 병기입니다.

네 짐을 여호와께 맡기라 그가 너를 붙드시고 의인의
요동함을 영원히 허락하지 아니하시리로다 (시편 55:22)

Cast your cares on the LORD and he will sustain you;
he will never let the righteous fall. (Psalms 55:22)

**Date.**
# 기도제목 Prayer Requests

---
---
---
---
---

**Date.**
# 기도응답 Prayer Answer

---
---
---
---
---

기도는 고난의 파도가 밀려올 때 부활의 주님을 붙잡게 합니다.

여호와의 인자와 긍휼이 무궁하시므로 우리가 진멸되지
아니함이니이다 이것들이 아침마다 새로우니
주의 성실하심이 크시도소이다 (예레미야애가 3:22-23)

Because of the LORD's great love we are not consumed,
for his compassions never fail. They are new every
morning; great is your faithfulness.
(Lamentations 3:22-23)

**Date.**

# 기도제목 Prayer Requests

_____

_____

_____

_____

_____

_____

**Date.**

# 기도응답 Prayer Answer

_____

_____

_____

_____

_____

기도는 하나님이 먼저 말씀하신 것에 순종하게 합니다.

그러므로 너희 죄를 서로 고백하며 병이 낫기를 위하여
서로 기도하라 의인의 간구는
역사하는 힘이 큼이니라 (야고보서 5:16)

Therefore confess your sins to each other and pray
for each other so that you may be healed. The prayer
of a righteous man is powerful and effective.
(James 5:16)

Date.

**기도제목** Prayer Requests

---

---

---

---

---

Date.

**기도응답** Prayer Answer

---

---

---

---

---

기도는 날마다 약속의 말씀을 붙잡고 순종하며 가는 것입니다.

**Date.**
# 기도제목 Prayer Requests

_____

_____

_____

_____

_____

_____

**Date.**
# 기도응답 Prayer Answer

_____

_____

_____

_____

_____

_____

기도는 등불 되신 주님의 인도를 받는 것입니다.

> 너희 중에 누구든지 지혜가 부족하거든 모든 사람에게
> 후히 주시고 꾸짖지 아니하시는 하나님께 구하라
> 그리하면 주시리라 (야고보서 1:5)

If any of you lacks wisdom, he should ask God,
who gives generously to all without finding fault,
and it will be given to him. (James 1:5)

**Date.**
## 기도제목 Prayer Requests

_____

_____

_____

_____

_____

_____

**Date.**
## 기도응답 Prayer Answer

_____

_____

_____

_____

_____

기도는 통곡하고 싶은 순간을 인내하고 환경을 바꾸는 무기입니다.

우리 가운데서 역사하시는 능력대로
우리가 구하거나 생각하는 모든 것에
더 넘치도록 능히 하실 이에게 (에베소서 3:20)

Now to him who is able to do immeasurably
more than all we ask or imagine, according to his
power that is at work within us. (Ephesians 3:20)

**Date.**
**기도제목** Prayer Requests

_____

_____

_____

_____

_____

_____

**Date.**
**기도응답** Prayer Answer

_____

_____

_____

_____

_____

기도는 신음과 좌절, 깊은 수렁에서 예수의 이름으로 승리하게 합니다.

이르시되 기도 외에 다른 것으로는 이런 종류가
나갈 수 없느니라 하시니라 (마가복음 9:29)

He replied,
"This kind can come out only by prayer."
(Mark 9:29)

**Date.**
**기도제목** Prayer Requests

---

---

---

---

---

**Date.**
**기도응답** Prayer Answer

---

---

---

---

---

기도는 깊은 통찰과 탁월한 분별력을 우리에게 선물합니다.

내 마음이 약해 질 때에 땅 끝에서부터 주께 부르짖으오리니
나보다 높은 바위에 나를 인도하소서 (시편 61:2)

From the ends of the earth I call to you, I call as
my heart grows faint; lead me to the rock that is
higher than I. (Psalms 61:2)

Date.

## 기도제목 Prayer Requests

---

Date.

## 기도응답 Prayer Answer

---

기도는 우리의 성품을 예수님의 성품으로 온전하게 변화시킵니다.

새벽 아직도 밝기 전에 예수께서 일어나 나가
한적한 곳으로 가사
거기서 기도하시더니 (마가복음 1:35)

Very early in the morning, while it was still dark,
Jesus got up, left the house and went off to a
solitary place, where he prayed. (Mark 1:35)

**Date.**
**기도제목** Prayer Requests

---

---

---

---

---

---

**Date.**
**기도응답** Prayer Answer

---

---

---

---

---

---

기도는 불완전한 삶을 내어드리고 온전한 은혜를 받는 것입니다.

나를 사랑하는 자들이 나의 사랑을 입으며
나를 간절히 찾는 자가 나를 만날 것이니라 (잠언 8:17)

I love those who love me,
and those who seek me find me. (Proverbs 8:17)

**Date.**
**기도제목** Prayer Requests

---

---

---

---

---

---

**Date.**
**기도응답** Prayer Answer

---

---

---

---

---

기도는 당신의 전부를 하나님께 맡기고 그분과 동행하는 것입니다.

나는 너희를 위하여 기도하기를 쉬는 죄를 여호와 앞에
결단코 범하지 아니하고 선하고 의로운 길을
너희에게 가르칠 것인즉 (사무엘상 12:23)

As for me, far be it from me that I should sin
against the LORD by failing to pray for you.
And I will teach you the way that is good and right.
(1 Samuel 12:23)

**Date.**

# 기도제목 Prayer Requests

---

---

---

---

---

---

**Date.**

# 기도응답 Prayer Answer

---

---

---

---

---

---

기도는 당신이 영적으로 깨어있다는 증거입니다.

> 나의 반석이시요 나의 구속자이신 여호와여
> 내 입의 말과 마음의 묵상이 주님 앞에
> 열납되기를 원하나이다 (시편 19:14)

May the words of my mouth and the meditation of
my heart be pleasing in your sight, O LORD,
my Rock and my Redeemer. (Psalms 19:14)

**Date.**
# 기도제목 Prayer Requests

_____

_____

_____

_____

_____

**Date.**
# 기도응답 Prayer Answer

_____

_____

_____

_____

_____

기도는 모든 것이 하나님의 손에 달려 있다는 믿음의 고백입니다.

He went away a second time and prayed, "My Father,
if it is not possible for this cup to be taken away
unless I drink it, may your will be done." (Matthew 26:42)

**Date.**

**기도제목** Prayer Requests

_____

_____

_____

_____

_____

_____


**Date.**

**기도응답** Prayer Answer

_____

_____

_____

_____

_____


기도는 하나님의 절대 주권을 인정하고 찬양하는 것입니다.

너희는 욕심을 내어도 얻지 못하여 살인하며 시기하여도 능히 취하지 못하므로 다투고 싸우는도다 너희가 얻지 못함은 구하지 아니하기 때문이요 (야고보서 4:2)

You want something but don't get it. You kill and covet, but you cannot have what you want. You quarrel and fight. You do not have, because you do not ask God.
(James 4:2)

**Date.**
**기도제목** Prayer Requests

_____

_____

_____

_____

_____

_____

**Date.**
**기도응답** Prayer Answer

_____

_____

_____

_____

_____

기도는 하나님의 살아계심을 벅찬 가슴으로 아는 것입니다.

기다리는 자들에게나 구하는 영혼들에게
여호와는 선하시도다 (예레미야애가 3:25)

The LORD is good to those whose hope is in him,
to the one who seeks him. (Lamentations 3:25)

**Date.**
# 기도제목 Prayer Requests

---

---

---

---

---

---

**Date.**
# 기도응답 Prayer Answer

---

---

---

---

---

기도는 성공과 실패를 떠나 오직 예수님에게만 집중하는 겸손입니다.

**Date.**
# 기도제목 Prayer Requests

---

---

---

---

---

---

**Date.**
# 기도응답 Prayer Answer

---

---

---

---

---

기도는 위기를 만난 아이가 아빠의 도움을 구하는 외침입니다.

이르되 내가 받는 고난으로 말미암아 여호와께 불러
아뢰었더니 주께서 내게 대답하셨고 내가 스올의 뱃속에서
부르짖었더니 주께서 내 음성을 들으셨나이다 (요나 2:2)

He said: In my distress I called to the LORD, and
he answered me. From the depths of the grave
I called for help, and you listened to my cry. (Jonah 2:2)

**Date.**

# 기도제목 Prayer Requests

_____

_____

_____

_____

_____

_____

**Date.**

# 기도응답 Prayer Answer

_____

_____

_____

_____

_____

_____

기도는 어떤 환경에서도 하나님의 신기한 능력을 경험합니다.

나더러 주여 주여 하는 자마다
다 천국에 들어갈 것이 아니요
다만 하늘에 계신 내 아버지의 뜻대로
행하는 자라야 들어가리라 (마태복음 7:21)

Not everyone who says to me, 'Lord, Lord,' will
enter the kingdom of heaven, but only he who does
the will of my Father who is in heaven. (Matthew 7:21)

**Date.**
**기도제목** Prayer Requests

_____

_____

_____

_____

_____

_____

**Date.**
**기도응답** Prayer Answer

_____

_____

_____

_____

_____

기도는 우리의 무능을 하나님의 유능으로 바꾸어 줍니다.

> 내가 내 음성으로 하나님께 부르짖으리니 내 음성으로
> 하나님께 부르짖으면 내게 귀를 기울이시리로다
> (시편 77:1)

I cried out to God for help;
I cried out to God to hear me. (Psalms 77:1)

**Date.**
**기도제목** Prayer Requests

_____

_____

_____

_____

_____

_____

**Date.**
**기도응답** Prayer Answer

_____

_____

_____

_____

_____

_____

기도는 보잘것없는 모습은 감추시고 열정적인 사명을 주십니다.

Watch and pray so that you will not fall into
temptation. The spirit is willing, but the body is weak.
(Matthew 26:41)

**Date.**
# 기도제목 Prayer Requests

_____

_____

_____

_____

_____

_____

**Date.**
# 기도응답 Prayer Answer

_____

_____

_____

_____

_____

기도는 순간순간에 공의와 불의를 명확하게 분별하는 지혜입니다.

내가 또 너희에게 이르노니 구하라 그러면 너희에게 주실
것이요 찾으라 그러면 찾아낼 것이요 문을 두드리라
그러면 너희에게 열릴 것이니 (누가복음 11:9)

So I say to you: Ask and it will be given to you;
seek and you will find; knock and the door will be
opened to you. (Luke 11:9)

Date.
## 기도제목 Prayer Requests

---

---

---

---

---

---

Date.
## 기도응답 Prayer Answer

---

---

---

---

---

기도하는 당신은 하나님께서 주신 형통한 삶을 사는 자입니다.

너희는 마음에 근심하지 말라 하나님을 믿으니
또 나를 믿으라 (요한복음 14:1)

Do not let your hearts be troubled. Trust in God;
trust also in me. (John 14:1)

**Date.**
**기도제목** Prayer Requests

---
---
---
---
---
---

**Date.**
**기도응답** Prayer Answer

---
---
---
---
---

기도하는 당신은 하나님 앞에서 자유롭게 춤추는 어린아이입니다.

하나님의 말씀과 기도로 거룩하여짐이라 (디모데전서 4:5)

Because it is consecrated by the word of
God and prayer. (1 Timothy 4:5)

**Date.**
**기도제목** Prayer Requests

---

---

---

---

---

---

**Date.**
**기도응답** Prayer Answer

---

---

---

---

---

기도하는 당신은 들은 말씀을 실천하는 성실한 자녀입니다.

**Date.**
**기도제목** Prayer Requests

_____

_____

_____

_____

_____

_____


**Date.**
**기도응답** Prayer Answer

_____

_____

_____

_____

_____


기도하는 당신을 통해 열방이 주께 돌아옵니다.

무엇이든지 구하는 바를 그에게서 받나니
이는 우리가 그의 계명을 지키고 그 앞에서
기뻐하시는 것을 행함이라 (요한일서 3:22)

And receive from him anything we ask,
because we obey his commands and
do what pleases him. (1 John 3:22)

**Date.**
# 기도제목 Prayer Requests

---

---

---

---

---

---

**Date.**
# 기도응답 Prayer Answer

---

---

---

---

---

---

기도하는 당신은 이미 선한 영향력을 끼치고 있는 것입니다.

나의 부르짖음을 들으소서 나는 심히 비천하니이다
나를 핍박하는 자들에게서 나를 건지소서
그들은 나보다 강하니이다 (시편 142:6)

Listen to my cry, for I am in desperate need;
rescue me from those who pursue me,
for they are too strong for me. (Psalms 142:6)

Date.
**기도제목** Prayer Requests

---

---

---

---

---

Date.
**기도응답** Prayer Answer

---

---

---

---

---

기도하는 당신에게 하나님의 선물은 풍성한 구원입니다.

내가 그의 아들의 복음 안에서 내 심령으로 섬기는 하나님이
나의 증인이 되시거니와 항상 내 기도에 쉬지 않고
너희를 말하며 (로마서 1:9)

God, whom I serve with my whole heart in preaching
the gospel of his Son, is my witness how constantly
I remember you. ( Romans 1:9)

Date.
**기도제목** Prayer Requests

_____

_____

_____

_____

_____

_____

Date.
**기도응답** Prayer Answer

_____

_____

_____

_____

_____

_____

중보기도는 어떤 희생보다 값진 보석입니다.

아무 것도 염려하지 말고 다만 모든 일에 기도와 간구로,
너희 구할 것을 감사함으로 하나님께 아뢰라 (빌립보서 4:6)

Do not be anxious about anything, but in everything,
by prayer and petition, with thanksgiving, present
your requests to God. ( Philippians 4:6)

**Date.**
**기도제목** Prayer Requests

_____

_____

_____

_____

_____

_____

**Date.**
**기도응답** Prayer Answer

_____

_____

_____

_____

_____

_____

중보기도는 진정한 축복이며 사랑의 실천입니다.

내 이름으로 일컫는 내 백성이 그들의 악한 길에서 떠나 스스로 낮추고 기도하여 내 얼굴을 찾으면 내가 하늘에서 듣고 그들의 죄를 사하고 그들의 땅을 고칠지라 (역대하 7:14)

If my people, who are called by my name, will humble themselves and pray and seek my face and turn from their wicked ways, then will I hear from heaven and will forgive their sin and will heal their land. (2 Chronicles 7:14)

Date.

# 기도제목 Prayer Requests

---

---

---

---

---

---

Date.

# 기도응답 Prayer Answer

---

---

---

---

---

중보기도는 어두운 지구촌 곳곳에 참빛을 전하는 수레와 같습니다.

너희가 내게 부르짖으며 내게 와서 기도하면
내가 너희들의 기도를 들을 것이요 (예레미야 29:12)

Then you will call upon me and come and pray to me,
and I will listen to you. (Jeremiah 29:12)

**Date.**
**기도제목** Prayer Requests

_____

_____

_____

_____

_____

_____

**Date.**
**기도응답** Prayer Answer

_____

_____

_____

_____

_____

기도를 통해 하나님과 긴밀한 관계를 맺으려는 당신은 멋집니다.

그 곳에 이르러 그들에게 이르시되
유혹에 빠지지 않게 기도하라 하시고 (누가복음 22:40)

On reaching the place, he said to them,
"Pray that you will not fall into temptation."
(Luke 22:40)

**Date.**
# 기도제목 Prayer Requests

---

---

---

---

---

---

**Date.**
# 기도응답 Prayer Answer

---

---

---

---

---

---

기도를 통해 하나님의 말씀에 귀 기울이려 하는 당신은 예쁩니다.

> 그러나 내 하나님 여호와여 주의 종의 기도와 간구를
> 돌아보시며 이 종이 오늘 주 앞에서 부르짖음과 비는
> 기도를 들으시옵소서 (열왕기상 8:28)

Yet give attention to your servant's prayer and
his plea for mercy, O LORD my God.
Hear the cry and the prayer that your servant is
praying in your presence this day. (1 Kings 8:28)

**Date.**

## 기도제목 Prayer Requests

_____

_____

_____

_____

_____

_____

**Date.**

## 기도응답 Prayer Answer

_____

_____

_____

_____

_____

다니엘처럼 당신이 기도할 때 천사 미가엘이 돕습니다.

내가 여호와를 기다리고 기다렸더니 귀를 기울이사
나의 부르짖음을 들으셨도다 (시편 40:1)

I waited patiently for the LORD; he turned to me
and heard my cry. (Psalms 40:1)

Date.
**기도제목** Prayer Requests

_____

_____

_____

_____

_____

_____

Date.
**기도응답** Prayer Answer

_____

_____

_____

_____

_____

_____

하나님이 원하시는 것은 새로운 방법, 프로그램이 아니라 기도입니다.

**Date.**
## 기도제목 Prayer Requests

---

---

---

---

---

---

**Date.**
## 기도응답 Prayer Answer

---

---

---

---

---

---

기도하면 성령님이 내 안에서 말씀하시는 음성이 들립니다.

나의 간구가 주의 앞에 이르게 하시고
주의 말씀대로 나를 건지소서 (시편 119:170)

May my supplication come before you; deliver me
according to your promise. (Psalms 119:170)

**Date.**
# 기도제목 Prayer Requests

---

---

---

---

---

---

**Date.**
# 기도응답 Prayer Answer

---

---

---

---

---

---

기도하는 당신의 삶은 주권을 하나님께로 옮기는 것입니다.

누구든지 주의 이름을 부르는 자는
구원을 받으리라 하였느니라 (사도행전 2:21)

And everyone who calls on the name
of the Lord will be saved. (Acts 2:21)

Date.
**기도제목** Prayer Requests

_____

_____

_____

_____

_____

_____

Date.
**기도응답** Prayer Answer

_____

_____

_____

_____

_____

_____

기도는 세상의 출세와 성공을 넘어 아버지의 소명을 갖게 합니다.

지금까지는 너희가 내 이름으로 아무 것도 구하지
아니하였으나 구하라 그리하면 받으리니 너희 기쁨이
충만하리라 (요한복음 16:24)

Until now you have not asked for anything
in my name. Ask and you will receive,
and your joy will be complete. (John 16:24)

**Date.**
**기도제목** Prayer Requests

_____

_____

_____

_____

_____

_____

**Date.**
**기도응답** Prayer Answer

_____

_____

_____

_____

_____

기도는 크고 작은 하나님의 음성을 듣게 하는 통로입니다.

사랑하는 자여 네 영혼이 잘됨 같이 네가 범사에 잘되고
강건하기를 내가 간구하노라 (요한삼서 1:2)

Dear friend, I pray that you may enjoy good health
and that all may go well with you, even as your soul is
getting along well. (3 John 1:2)

**Date.**
# 기도제목 Prayer Requests

---

---

---

---

---

---

**Date.**
# 기도응답 Prayer Answer

---

---

---

---

---

기도는 당신의 말과 행동에 하나님의 권세를 더하는 것입니다.

오직 나는 여호와를 우러러보며 나를 구원하시는
하나님을 바라보나니 나의 하나님이 나에게
귀를 기울이시리로다 (미가 7:7)

But as for me, I watch in hope for the LORD,
I wait for God my Savior;
my God will hear me. (Micah 7:7)

**Date.**
**기도제목** Prayer Requests

---
---
---
---
---
---

**Date.**
**기도응답** Prayer Answer

---
---
---
---
---
---

기도는 평범한 믿음을 비범하고 탁월한 영성가로 변화시켜 줍니다.

소망 중에 즐거워하며 환난 중에 참으며
기도에 항상 힘쓰며 (로마서 12:12)

Be joyful in hope, patient in affliction,
faithful in prayer. (Romans 12:12)

**Date.**
**기도제목** Prayer Requests

---

---

---

---

---

---

**Date.**
**기도응답** Prayer Answer

---

---

---

---

---

---

기도는 일상을 잘 살아내게 하는 힘입니다.

여호와께서 이스라엘 족속에게 이와 같이 말씀하시기를
너희는 나를 찾으라 그리하면 살리라 (아모스 5:4)

This is what the LORD says to the house of Israel:
Seek me and live. (Amos 5:4)

**Date.**
## 기도제목 Prayer Requests

---

---

---

---

---

---

**Date.**
## 기도응답 Prayer Answer

---

---

---

---

---

---

기도는 하나님이 계획하신 일을 이 땅에 실현하는 것입니다.

여호와께서 모세에게 이르시되 여호와의 손이 짧으냐
네가 이제 내 말이 네게 응하는 여부를 보리라
(민수기 11:23)

The LORD answered Moses, Is the LORD's arm too
short? You will now see whether or not what I say will
come true for you. (Numbers 11:23)

**Date.**
**기도제목** Prayer Requests

_____

_____

_____

_____

_____

_____

**Date.**
**기도응답** Prayer Answer

_____

_____

_____

_____

_____

_____

기도하는 당신은 하나님의 거룩한 땅 비전의 땅을 지키는 것입니다.

환난 날에 나를 부르라 내가 너를 건지리니
네가 나를 영화롭게 하리로다 (시편 50:15)

And call upon me in the day of trouble;
I will deliver you, and you will honor me. (Psalms 50:15)

**Date.**
## 기도제목 Prayer Requests

---

---

---

---

---

---

**Date.**
## 기도응답 Prayer Answer

---

---

---

---

---

---

기도하는 당신은 하나님 자체를 풍성히 누리는 것입니다.

너희 염려를 다 주께 맡기라 이는 그가 너희를 돌보심이라
(베드로전서 5:7)

Cast all your anxiety on him because he cares for you.
(1 Peter 5:7)

**Date.**
**기도제목** Prayer Requests

---

---

---

---

---

---

**Date.**
**기도응답** Prayer Answer

---

---

---

---

---

기도하는 당신은 온전히 하나님께 사로잡혀 있습니다.

주께서 내게 응답하시고 나의 구원이 되셨으니
내가 주께 감사하리이다 (시편 118:21)

I will give you thanks, for you answered me; you have
become my salvation. (Psalms 118:21)

**Date.**
# 기도제목 Prayer Requests

_____

_____

_____

_____

_____

_____

**Date.**
# 기도응답 Prayer Answer

_____

_____

_____

_____

_____

기도는 너무나 좋으신 하나님을 날마다 부르는 것입니다.

너희가 기도할 때에 무엇이든지 믿고 구하는 것은
다 받으리라 하시니라 (마태복음 21:22)

If you believe, you will receive whatever you
ask for in prayer. (Matthew 21:22)

**Date.**
**기도제목** Prayer Requests

---
---
---
---
---
---

**Date.**
**기도응답** Prayer Answer

---
---
---
---
---

기도를 통해 하나님만이 상급임을 깨닫는 당신은 훌륭합니다.

그를 향하여 우리가 가진 바 담대함이 이것이니
그의 뜻대로 무엇을 구하면 들으심이라 (요한일서 5:14)

This is the confidence we have in approaching God:
that if we ask anything according to his will,
he hears us. (1 John 5:14)

**Date.**

# 기도제목 Prayer Requests

_____

_____

_____

_____

_____

**Date.**

# 기도응답 Prayer Answer

_____

_____

_____

_____

_____

기도는 말씀을 신뢰하고 하나님만 잠잠히 바라보는 것입니다.

여호와여 주의 이름을 위하여 나를 살리시고 주의 의로
내 영혼을 환난에서 끌어내소서 (시편 143:11)

For your name's sake, O LORD, preserve my life;
in your righteousness,
bring me out of trouble. (Psalms 143:11)

**Date.**
**기도제목** Prayer Requests

_____

_____

_____

_____

_____


**Date.**
**기도응답** Prayer Answer

_____

_____

_____

_____

_____


기도는 어떠한 상황에서도 믿음의 거목을 만들어 냅니다.

하나님께 속한 자는 하나님의 말씀을 듣나니
너희가 듣지 아니함은
하나님께 속하지 아니하였음이로다 (요한복음 8:47)

He who belongs to God hears what God says.
The reason you do not hear is that you
do not belong to God. (John 8:47)

**Date.**
# 기도제목 Prayer Requests

_____

_____

_____

_____

_____

_____

**Date.**
# 기도응답 Prayer Answer

_____

_____

_____

_____

_____

기도는 황폐한 삶에 소망을 발견하는 오아시스와 같습니다.

**Date.**
## 기도제목 Prayer Requests

_____

_____

_____

_____

_____

**Date.**
## 기도응답 Prayer Answer

_____

_____

_____

_____

_____

기도할 때 하나님의 자녀라는 건강한 자존감으로 승리합니다.

그들이 부르기 전에 내가 응답하겠고 그들이
말을 마치기 전에 내가 들을 것이며 (이사야 65:24)

Before they call I will answer;
while they are still speaking I will hear. (Isaiah 65:24)

**Date.**
## 기도제목 Prayer Requests

---

---

---

---

---

**Date.**
## 기도응답 Prayer Answer

---

---

---

---

---

기도는 하나님의 손을 절대 놓지 않는 지혜입니다.

의인이 부르짖으매 여호와께서 들으시고
그들의 모든 환난에서 건지셨도다 (시편 34:17)

The righteous cry out, and the LORD hears them;
he delivers them from all their troubles. (Psalms 34:17)

**Date.**
**기도제목** Prayer Requests

_____

_____

_____

_____

_____

_____

**Date.**
**기도응답** Prayer Answer

_____

_____

_____

_____

_____

기도는 살기 싫은 세상을 살 만한 세상으로 바꾸는 신비입니다.

너는 내게 부르짖으라 내가 네게 응답하겠고
네가 알지 못하는 크고 은밀한 일을
네게 보이리라 (예레미야 33:3)

Call to me and I will answer you and tell you
great and unsearchable things you do not know.
(Jeremiah 33:3)

**Date.**
## 기도제목 Prayer Requests

_____
_____
_____
_____
_____
_____

**Date.**
## 기도응답 Prayer Answer

_____
_____
_____
_____
_____
_____

기도는 하나님을 영화롭게 하는 첫걸음입니다.

너는 기도할 때에 네 골방에 들어가 문을 닫고 은밀한 중에
계신 네 아버지께 기도하라 은밀한 중에 보시는
네 아버지께서 갚으시리라 (마태복음 6:6)

But when you pray, go into your room, close the door
and pray to your Father, who is unseen.
Then your Father, who sees what is done in secret,
will reward you. (Matthew 6:6)

**Date.**
# 기도제목 Prayer Requests

---

---

---

---

---

---

**Date.**
# 기도응답 Prayer Answer

---

---

---

---

---

기도는 눈물로 뿌린 씨를 기쁨으로 거두게 하는 묘약입니다.

그러므로 내가 너희에게 말하노니 무엇이든지 기도하고
구하는 것은 받은 줄로 믿으라 그리하면
너희에게 그대로 되리라 (마가복음 11:24)

Therefore I tell you, whatever you ask for in prayer,
believe that you have received it, and it will be yours.
(Mark 11:24)

Date.
**기도제목** Prayer Requests

_____

_____

_____

_____

_____

Date.
**기도응답** Prayer Answer

_____

_____

_____

_____

_____

기도는 주님보다 앞서지 않게 하는 브레이크입니다.

모든 기도와 간구를 하되 항상 성령 안에서 기도하고
이를 위하여 깨어 구하기를 항상 힘쓰며
여러 성도를 위하여 구하라 (에베소서 6:18)

And pray in the Spirit on all occasions with all kinds of prayers and requests. With this in mind, be alert and always keep on praying for all the saints. (Ephesians 6:18)

**Date.**

**기도제목** Prayer Requests

_____

_____

_____

_____

_____

**Date.**

**기도응답** Prayer Answer

_____

_____

_____

_____

_____

기도하는 당신은 공동체를 떠받들고 있는 기둥입니다.

너희가 온 마음으로 나를 구하면 나를 찾을 것이요
나를 만나리라 (예레미야 29:13)

You will seek me and find me when you seek me
with all your heart. (Jeremiah 29:13)

**Date.**
**기도제목** Prayer Requests

_____

_____

_____

_____

_____

_____

**Date.**
**기도응답** Prayer Answer

_____

_____

_____

_____

_____

_____

기도하는 당신에게 예수님을 닮은 향기가 납니다.

여호와와 그의 능력을 구할지어다
항상 그의 얼굴을 찾을지어다 (역대상 16:11)

Look to the LORD and his strength;
seek his face always. (1 Chronicles 16:11)

**Date.**
## 기도제목 Prayer Requests

_____

_____

_____

_____

_____

_____

**Date.**
## 기도응답 Prayer Answer

_____

_____

_____

_____

_____

기도는 시간을 뚫고 임하시는 성령님의 능력을 경험하게 합니다.